AF349763

UN TABLEAU

PAR

F.-H. DROUAIS

Appartenant à Monsieur D...

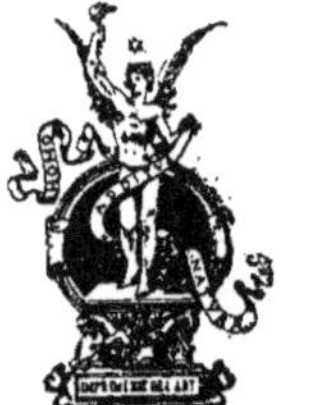

NOTICE

SUR UN

TABLEAU

PAR

F.-H. DROUAIS

" L'ENFANT AU PETIT CHIEN "

APPARTENANT A MONSIEUR D...

Et dont la vente aura lieu, à Paris

HOTEL DROUOT, SALLE N° 10

Le Mercredi 26 Février 1913

A QUATRE HEURES

<table>
<tr><td>COMMISSAIRE-PRISEUR</td><td>EXPERT</td></tr>
<tr><td>M° Léon de CAGNY</td><td>M. Jules FÉRAL</td></tr>
<tr><td>8, rue Drouot</td><td>7, rue Saint-Georges</td></tr>
</table>

PARIS

EXPOSITIONS

PARTICULIÈRE : *Le Mardi 25 Février 1913, de 2 heures à 6 heures.*
PUBLIQUE : *Le Mercredi 26 Février 1913 (Jour de la vente), de 2 h. à 4 h.*

CONDITIONS DE LA VENTE

Elle sera faite au comptant.

L'acquéreur paiera *dix pour cent* en sus du prix d'adjudication.

Paris. — Imp. de l'Art, Ch. Berger, 41, rue de la Victoire.

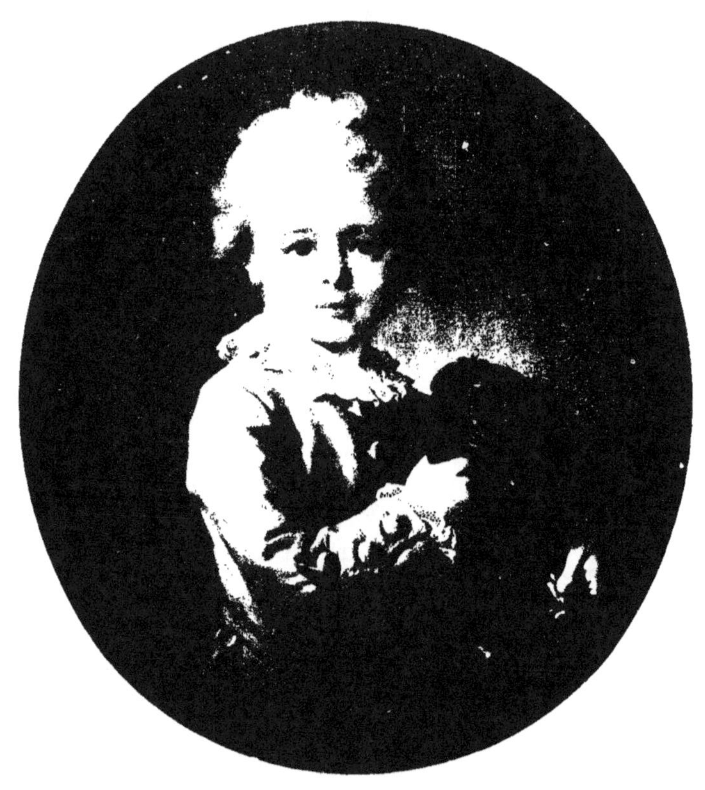

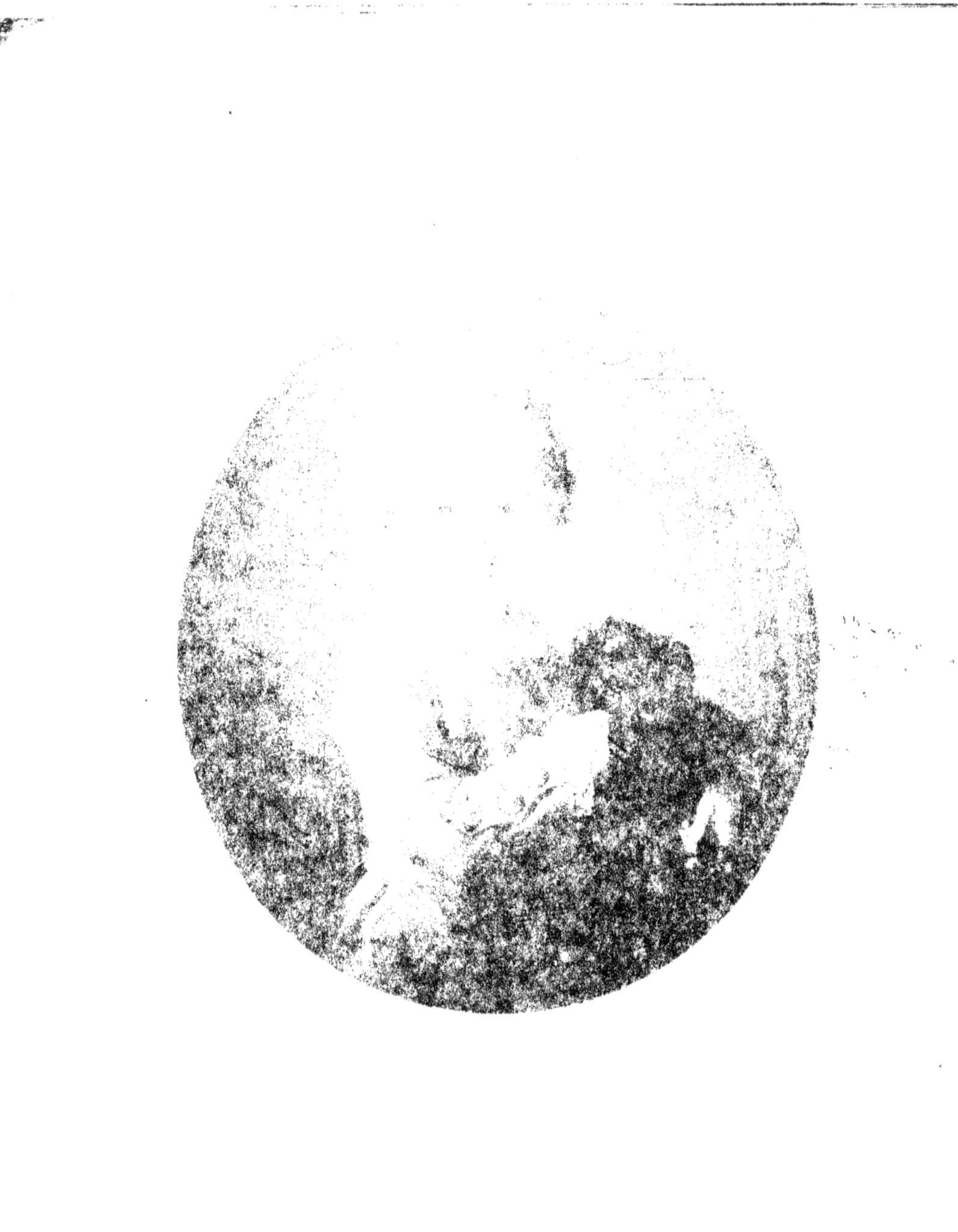

DROUAIS

FRANÇOIS-HUBERT;

Paris, 1727-1775

L'Enfant au petit chien

Représenté à mi-corps, tourné de trois quarts vers la droite, le visage de face, il regarde le spectateur, tenant de ses deux mains et sous son bras un petit chien noir aux poils frisés.

Les cheveux blond cendré, légèrement bouclés et bouffant sur les oreilles, les yeux noirs, il est vêtu d'un habit rose, à larges boutons d'étoffe, ouvert sur un long gilet bleu fermé sur la poitrine par des boutons d'or, et serré à la taille sous une ceinture nouée sur l'épigastre.

Autour du cou et des poignets, un col et des manchettes de dentelles.

Signé à gauche : *Drouais le fils*, et daté : *1766*.

Toile de forme ovale.

Haut. 58 cent.; larg., 52 cent.

Cadre en bois sculpté.

Selon une tradition que rien ne contredit, ce tableau représenterait le Comte d'Artois, enfant.

Collection du Comte de Fembroke. Vente du 30 Juin 1862. N° 13.

Collection Meffre, Vente des 9-10 Mars 1863. N° 27.